AF356903

HISTOIRE VERITABLE,

DES DERNIERES ET

PITEVSES ADVENTVRES,

de Dom Sebastian, Roy de Portugal, depuis sa prison de Naples, iusques auiourd'huy
qu'il est en Espagne, à
S. Sucar de Bar-
rameda.

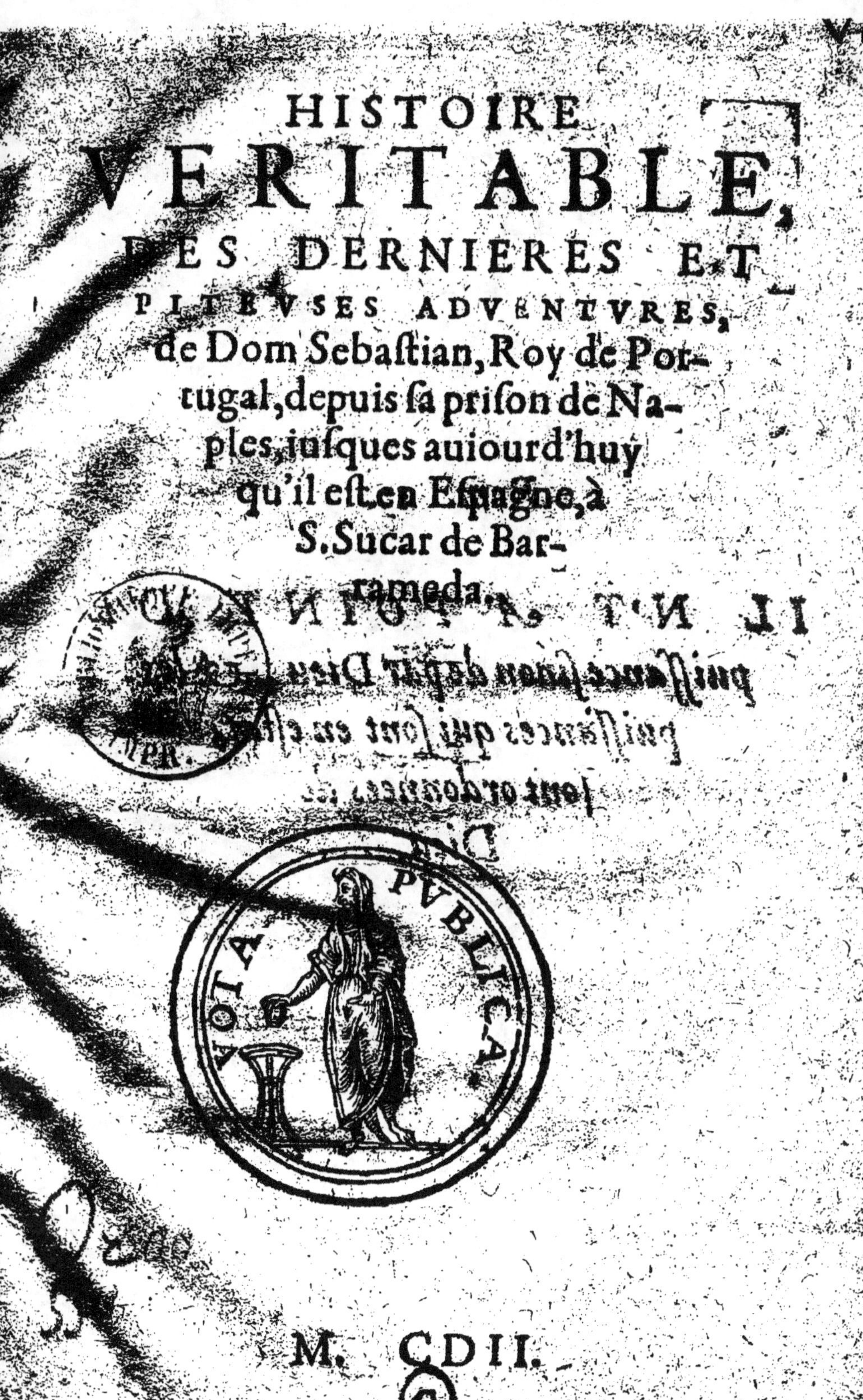

M. CDII.

IL N'T A POINT DE
puiſſance ſinon de par Dieu, & les
puiſſances qui ſont en eſtat,
ſont ordonnees de
Dieu.

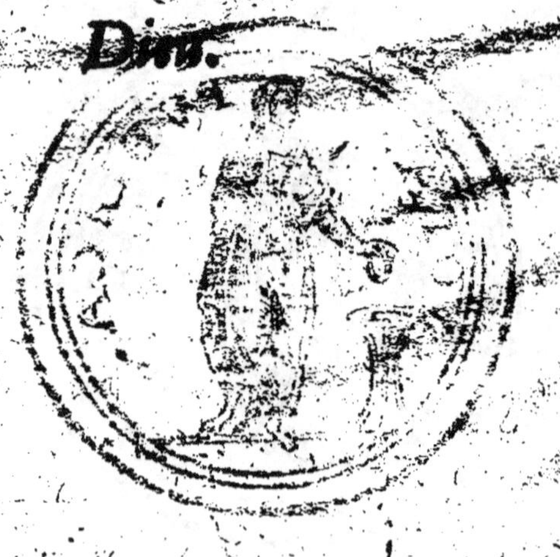

HISTOIRE VERITABLE,

des dernieres, & piteuses aduentures, de D. Sebastian, Roy de Portugal, depuis sa prison de Naples iusqu'au iourd'huy, qu'il est à Sainct Lucar de Barrameda.

An. 1602

LE Roy Dom Sebastian, ayant esté mené de Florence à Naples, fut mis dans le Chasteau de l'Oeuf en vn logis, auquel il ne trouua autre chose qu'vne corde, & vn cousteau long d'vn demy bras. On ne luy donna à boire ny à manger, ny sur quoy se coucher l'espace de trois iours lesquels il passa en continuelles prieres, auec vne incroyable patience. Au quatriesme iour, l'Auditeur general accompagné de deux Greffiers le venant visiter, & le trouuant enuie auec bonne disposition, s'esmerueilla grandement: car tous estimoyent que se voyant si mal traicté, il se pendroit de desespoir, ou se feroit mourir auec les instrumens susdits, que pour cet effect

on auoit preparez en ceste maison là : ou que pour le
moins il tomberoit en quelque bien grande maladie)
& luy dit, Que s'il ne se desdisoit, & ne cessoit de sou-
stenir, comme il se disoit, & soustenoit estre D. Sebastian, Roy de Portugal, ils n'auoyent chose aucune
pour luy bailler à boire, à manger, n'y à coucher. A
quoy respondit le Roy : *Faites ce que vous voudrez : Car ie ne*
chanteray iamais autre chanson, & prie Dieu Tout-puissant, que par
sa diuine misericorde, il me tende la main, m'assiste, & ne permette
que ie face vne si lourde faute, ou que ie tombe en si grande misere, &
si contraire au salut de mon ame : que par crainte ou frayeur des hom-
mes, ie vienne à nier la verité, & confesser ce qui n'est pas. Dieu m'en
engarde, Ie suis ce D. Sebastian Roy de Portugal : qui l'an M. D.
LXXVIII. *passay en Afrique contre les Infideles, celuy qui pour*
augmenter le nombre, & le pouuoir des Chrestiens, mist sa vie en
hazard : ce mal-heureux qui pour ses pechez perdit vne bataille, dont
la perte enfanta tant de mesaduentures, & changemens en la Chre-
stienté. Ceste est la verité, & ne sçay dire autre chose. L'Auditeur
& les Greffiers se retirerent auec ceste deposition : & de là
en auant on commença luy donner pour sa nourritu-
re du pain & de l'eau : & quelques iours aprés luy furent ordonnez cinq escus par moys, & vn valet pour
le seruir. Le feu Vice-roy de Naples l'alla visiter, & se
passa entr'eux ce qui en a esté publié par tant de mains
& de diuerses langues. Comme le bruit courut par le
monde qu'il estoit prisonnier, & qu'on le laissoit voir,
plusieurs personnes de diuerses qualitez & nations firent le voyage de Naples, qui le virent & parlerent à
luy. Entre autres, plusieurs Portugaiz, qui de Portugal
& d'autres endroits ou ils seiournoyent, passerent en I-
talie, pour voir de leurs propres yeux vne tant admirable & rare merueille. Plusieurs des Portugaiz, princi-
palement les hommes d'aage, qui l'auoyent veu & cogneu, quelques Castillans aussi, & autres estrangers le
voyans, & deuisans auec luy, confesserent & soustin-

drent, Que c'estoit le vray Roy de Portugal D. Sebastian. Durant la vie dudict Vice-roy, sa prison ne fut point si rigoureuse, ne tant estroite, comme depuis, qu'e son fils luy a succedé audit gouuernement. Lequel l'a tenu fort serré & auec doubles gardes : le laissant sortir neantmoins aux dimanches & iours de festes pour ouyr messe en vne chappelle dans ledit chasteau. Il viuoit en perpetuelles oraisons & ieusnes. Tous les vendredis & samedis il ieusnoit au pain & à l'eau, autant en faisoit-il quelquesfois aux autres iours comme les lundis & mercredis. Il frequentoit fort les sacremens, se confessoit & communioit bien souuent : & toute la Caresme passee n'a mangé que des herbes, & legumes.

Le 17. d'Apuril dernier passé, presqu'vn an, depuis qu'il fut liuré aux Castillans de par ledit vice-roy, qui est le mesme Comte de Lemos, fils du defunct, marié auec vne fille du Duc de Lerma, qui pour le iourd'huy gouuerne l'Espagne, luy fut mandé, qu'en fin il respondist sur le champ sans qu'on eust fait autre procedure ny diligence en sa cause, que celle du quatriesme tour, par l'auditeur general accompagné comme dessus. Il respondit, *Que ce n'estoit pas le droict chemin qu'il falloit prendre pour examiner & iuger son procez : Qu'ils le presentassent aux Portugays, qui l'auoyent nourry, cogneu, & serui. Car de leur dire & tesmoignage dependoit toute la preuue & verification de son affaire, affermant que s'il viuoit mesme mil ans ou plus, il ne respondroit autre chose : & que s'ils estoyent deliberez faire iustice de luy, sans autre ordre ny preuue, il prenoit Dieu pour son vnique Iuge, qui sçauoit la verité du faict, & qu'il estoit le propre & vray Roy de Portugal D. Sebastian, qu'ils pouuoyent effectuer ce qu'auparauant ils pretendoyent faire.*

Les ministres sortis auec ceste responce, il s'alla ietter tout incontinent à genoux deuant le Crucifix, & commença se disposer & preparer à la mort. Il ieusna l'espace de trois iours au pain & à l'eau, fit vne confession generale, & receut le tres-diuin sacrement. Comme il attendoit sa derniere heure, deuant ledict moys d'auril fust passé, on luy manda de rechef qu'il eust finalement à respondre, auquel mandement il fit pareille responce que cy deuant. Et sur ceste derniere parole fut iugé & condemné par les Castillans, *à estre mené par les rues de Naples en ignominie, & de là aux galeres pour tout le reste de sa vie.*

Le dernier iour dudict moys ils le tirerent hors du Chasteau, le monterent sur vn asne, & le menerent publiquement par les rues de la ville. Trois trompettes marchoyent deuant luy, auec vn Crieur, qui crioyt à haute voix: *C'est la iustice que mande faire sa Maiesté Catholique. Il mande qu'on mene honteusement cet homme, & qu'il soit mis en galeres perpetuelles, pour se faire D. Sebastian, Roy de Portugal, attendu que c'est vn Calabroys.* Deuant que le Crieur commençast, les trompettes sonnoyent, & tout de mesme à la fin. Et quand on le nommoit Roy, il disoit à haute voix: *Aussi le suis-ie.* Et quand on disoit, *attendu que c'est vn Calabrays,* il respondoit, *Cela est faulx.* Neantmoins repetant ces paroles toutes les foys que le Crieur les prononçoit, aucun de la Iustice ne l'empeschoit, ny ne s'en esmouuoit. Or il faut noter que les Castillans n'ayant sceu verifier qu'il fust ce Marco Tullio Catizzone, comme ils le qualifioyent au commencement qu'il leur fut liuré, ne le proclament à ceste heure que pour vn Calabroys indefiniment.

Cest acte apporta vn extreme espouuentement à toute la ville, & engendra si grand douleur & compunction és cœurs des personnes, qu'ils s'en alloyent pasmez & remplis d'estonnement. Ils s'entre-regardoyent les vns les autres, & ne pouuoyent exprimer aucune parole. Et si quelques vns se persuadoyent parauant que ce prisonnier fust vn Calabroys, apres auoir veu sa propre personne, & cet estrange spectacle,

se confirmoyent en ceste croyance, & demeuroyent a-
certenez , que celuy qu'on promenoit sur vn asne en
ignominie, estoit le propre & vray D. Sebastian roy de
Portugal , & auoyent si grande compassion de le voir
en si miserable estat , & traitter auec tant d'iniustice,
qu'il n'estoit en leur puissance de contenir leurs lar-
mes. Les souspirs & gemissemens des vns incitoyent
les autres à souspirer & gemir. Le roy s'escrioyt: *ie suis
és mains de mes ennemis, qu'ils facent du corps ce qu'ils voudront: ie
recommande à Dieu mon ame, qui l'a creée, & sçait la verité, & que
ie suis tel que ie me dis.*

Apres qu'il eut tracassé par toute la ville, ils le firent
monter dans la galere royale , où quand & quand ils
luy firent poser ses propres vestemens, l'habillerent en
forçat, & le mirent à la proue du vaisseau: là demeura
il tout le long du iour, & le lendemain le mirent auec
quelques vns vne petite barque iointe à la galere: où se fit
vn fort grand concours de peuples de diuerses nations. Entre lesquels se trouuerent beaucoup de personnes nobles & bien illustres, qui les enuisageans de les
contemplans auec vne singuliere attention, s'asseuroient &
disoyent il n'y a point de doute que c'est le vray Dom Sebastian, Roy de Portugal.

Le cinquiesme iour ils le remirent dans la galere, &
luy couperent les cheueux de la teste & de la barbe,
lesquels furent recueillis & gardez par quelques assi-
stans, comme chose precieuse & de grande estime. Ce
lendemain l'esprit luy reuint à la cadence, il luy aduint qu'on ne
l'obligeoit point à tirer la rame. Quelques Seigneurs
François se trouuerent presens à la plus part des choses susdictes. Entre autres, vn fils de Monsieur de Bar-
rault, qui est auiourd'huy nommé pour Ambassadeur
de Castille, & vn gentilhomme qui est à son seruice,
auec autres de la suitte.

Es iours si de grand affliction , le roy n'a laissé de

continuer en ses prieres & ieusnes, auec tant d'admiration de ceux qui le voioyent qu'ils le tenoyent pour vn sainct. Et par le moyen de sa patience, modestie, & montres apparentes de vertu, il gaigna tant de reputation parmy les hommes, que par force il leur fit confesser que ceste verité demeuroit couuerte & cachee par les inuentions & ruses des ennemis, & maintenir que c'estoit le vray D. Sebastian roy de Portugal.

Plusieurs personnes de qualité ont escrit de Naples en diuerses parties de l'Europe, le succez de son affaire, auec la reale verité, en telle forme, que ceux qui ne s'y sont trouuez presens, tant en la Cour de Rome, comme par toute l'Italie, se persuadent à croire & tenir pour chose tres-auerée, que ce miserable Prince est tel qu'il se dict.

Il merite en partie beaucoup plus grief chastiment, pource, qu'eschappé viuant de la bataille d'Afrique tant celebre, & qu'estant depuis passé incognu en son royaume de Portugal, il l'auroit laissé en proye à ses ennemis. Ce qui causa tant de miseres, tant de diuerses mesaduentures, tant de trauaux, afflictions & miseres qui sont aduenuës, & ont trauersé les peuples Chrestiens depuis vingt-deux ans. Il deuoit preferer le bien public à ses particulieres imaginations & fantaisies. Mais quiconque aura cognoissance de sa pure vertu, pieté, crainte de Dieu, prudence & attribuera ment, ne pourra dire autre chose, sinon, certain fait. Et que Dieu l'a voulu ainsi, à fin qu'il fer du ast on la loy de grace, vn autre Iob, semblable à celuy de la loy de nature.

Les galeres passerant de Naples en Espagne, ou quelques vns disent qu'ils le virent à Barcelonne, dans la galere royale, assis au troisiesme banc, qu'on luy faisoit fort bon traictement, & qu'on le seruoit auec beaucoup d'honneur & de respect. Nous croyons bien le

premier,

premier, mais non le second (comme le montrera ce
que nous dirons en suite) car ce sont nouuelles des ennemis, qui les publient ainsi pour pallier leurs mau-
uaistiez & trahisons, & pour conseruer és bonnes gra-
ces des-hommes, celuy qu'ils ayment de tout leur
cœur, & que de tout leur entendement, de toute leur
ame, & puissance, ils procurent de gagner & tenir
pour leur Seigneur & maistre. Lesquels s'attachans à
leur particulier interest, mettent entierement le bien
commun en oubly, & ont du tout perdu la memoire
de la fidelité & obligation qu'ils doiuent à leur patrie.

De Barcelonne les galeres entrerent en la mer Occeane, où elles estoyent au commencement de ce
moys d'Aoust, au port de S. Lucar de Barrameda. Vn
courrier de sa Maiesté Catholique, a compté au Roy
Tres-chrestien, la cause pour laquelle lesdicts vais-
seaux passerent de la mer Mediterranee en l'Occean,
qui fut vn sousleuement aduenu en Langra, Cité de
l'Isle Tercere, qui est la capitale des Isles qu'on appelle
des Assores, clef de toute la mer Occeane, parce que
ceux qui viennent d'Afrique, d'Asie, & de l'Amerique,
sont contrains de passer là, comme au principal but
de leur nauigation. L'Isle est situee à trente neuf de-
grez, & quelques minutes entre le Septentrion, & le
Midy. La certitude de ce sousleuement ne nous est en-
cores auiourd'huy bien cogneue. Aucuns dient que les
Portugays se sousleuerent contre le Roy Catholique,
ayans de leur party vn Seigneur Espagnol. Autres, que
le Gouuerneur de l'Isle, Castillan de nation, battit à
coups de baston vn Capitaine de son regiment : qui
considerant ne pouuoir appeller au camp son supe-
perieur, & qu'il estoit en vne Isle enuironnee de la
mer, & à trente lieues de Lisbone, dissimula son maltra-
lent, & resolut de prendre autre chemin de vengean-
ce. Pour ce faire il descoutrit son intention à ses sol-

dats, & à quelques Portugaiz principaux de ladite Ifle:
lefquels trouuant propices , & difpofez à luy donner
affiftance pour auoir fatisfaction de l'outrage fufdit, il
delibera de tuer le Gouuerneur , & fe foufleuer auec
l'Ifle en faueur des Portugaiz . Ce qu'il effectua de la
mefme maniere qu'il l'auoit determiné. Cefte reuolte
fut caufe que fa Maiefté Catholique fit venir les galeres de Naples en la mer Occeane . Toutesfois ie ne
vous vends n'y l'vne n'y l'autre chofe pour veritable.
Car ce font nouuelles forties de la forge des ennemis,
couftumiers de les femer faulfes , pour voir qu'elle
chere leur fera le monde, & defcouurir ce que grands
& petits ont fur le cœur. Il eft à croire que ladite Maiefté Catholique, manda venir lefdites galeres de Naples
en la mer Occeane, fur le bruit de l'armee qui fe leuoit
en Angleterre, à deffeing *(ce difoit-on)* d'entrer en Portugal, comme l'on dict auffi qu'elle y defcendit . Quoy
que foit il fuffit pour noftre intention, de fçauoir pour
certain, Que la galere Royale de Naples, en laquelle
fut mis Dom Sebaftian , Roy de Portugal, eft à Sainct
Lucar de Barrameda, & ledit Dom Sebaftian dedans i-
celle, en la maniere que nous dirons.

Le douziefme, ou treiziefme de ce moys, arriuerent
en France dedans vn nauire de la Rochelle, deux mar-
chans Françoys, cogneuz pour gens de credit & de verité, lefquels affeurent tant de bouche , que par lettres
efcrites à Paris, à gens d'honneur: *Qu'ils ont veu le prifon-*
nier fufdict à Sainct Lucar de Barrameda , dans la galere Royale de
Naples. Qu'ils ont parlé à luy, que le voyans à la cadene, pauure, &
miferable, ils lui ont offert des linges, de l'argent, & autres commodi-
tez, qu'il ne les a voulu prendre, & les en a remerciez. Qu'il fupporte
fon affliction auec vne admirable patience. Que tous ceux de la ga-
lere le recognoiffent pour tel qu'il fe dit, & l'appellent Roi . Qu'il eft
ferui par deux galeriens, qui font Turcs. Qu'il ne tire point à la ra-
me, & quant à fon viure eft traitté à l'esgal des autres forçats. Que

le Duc de Medina Sidonia, & sa femme, l'ont voulu voir. Qu'aians longuement deuisé auec lui, le Roi lui demanda s'il auoit encore vne espee qu'il lui donna, quand il s'embarqua pour passer en Barbarie. Le Duc respondit, Qu'à la verité, Dom Sebastian Roi de Portugal, lui fit present d'vne espee deuant que s'embarquer, laquelle il gardoit auec d'autres. Puis que vous l'auez encore (repliqua le Roy) ie vous prie la vouloir faire apporter. Car encore qu'il y ait vingt-quatre ans que ie la vous ay donnee, si la recognoistray-ie fort bien. Le Duc en fit venir enuiron vne douzaine, lesquelles le Roy ayant distinctement regardees, luy dict, La mienne n'est point parmy celles-cy. Alors le Duc commanda qu'on apportast toutes les autres. Et le Roy la voyant entre les mains du porteur, Voyez Duc (ce fit-il) voilà l'espee que ie vous donnay quand ie passay en Afrique. Il y auoit en la compagnie de la Duchesse vne Negre, que le Roy recogneut, & dit qu'elle l'auoit serui au blanchissage de son linge, lors qu'il regnoit en Portugal. Le Duc voyant ces choses tant apparentes, & proches de verité, qui lui sembloyent miraculeuses, fit plusieurs signes de la croix, & le veit-on retirer auec triste chere, & comme pleurant de compassion à voir ce miserable Prince en si mal-heureux estat. La plus part des Castillans, mesmes subiects du Roy Philippe, esmeuz de tant de signes & tesmoignages de verité, bien qu'ils le taisent en public, dient neantmoins en leurs deuis particuliers, Qu'il est impossible que cest homme soit autre que le vray Dom Sebastian, & qu'il est à craindre que Dieu ne les abisme tous, si le Roi Catholique ne lui restitue ce qui lui appartient. Ceux qui ne regardent ces grands miracles des yeux de pitié, disent que cet homme a vn diable au corps. Ce Duc (si ie ne me trompe) s'appelle Dom Alphonse de Guzman le Bon, dixiesme Comte de Niebla, & septiesme Duc de Medina Sidonia, qui l'an mil cinq cens septante huict, arriuant le Roy, Dom Sebastian à Caliz, pour aller en Afrique, le reçeut auec tres-grande feste, auec ioustes de longs roseaux, courses de Taureaux, & autres passe-temps que l'Isle leur peust fournir. Ledit Roy fut huict iours auec le Duc, lequel on dict auoir beaucoup trauaillé, pour le dissuader de passer en Barbarie en personne.

Ce consideré, l'on ne trouuera point estrange, que le Duc ayt desiré le voir, & parler à luy, n'y pareillement ce que les Rocheloys comptent touchant l'espee, & la Negre, attendu que la femme dudict Duc, est Domne Anne de Sylua, fille de Ruy Gomez de Sylua, Portugays, Prince de Eboly, qui a gouuerné le Royaume de Castille plusieurs annees : laquelle peut bien auoir maintenant à son seruice ladite Negre, pour auoir esté nourrie en la maison royale de Portugal.

Nous auons diuerses lettres escrites de Calays, en plusieurs endroicts, esquelles nous trouuons ce qui s'ensuit : Ici sont arriuez d'Espagne, six ou sept marchands, habitans de ceste ville, & des plus apparents, & plus riches d'icelles. Lesquels rapportent auoir veu Dom Sebastian, Roi de Portugal, en la galere Roiale de Naples, qui est à Sainct Lucar de Barrameda, & l'ont veu prisonnier à la cadene, traicté comme les autres forsats, mais serui auec respect, & ne tire point à la rame. Ce qu'ils estiment auoir obtenu par la faueur du Pape & aduousinstes ikonstant. Que beaucoup de vieilles personnes Portugaises, de diuerses conditions, le sont allé voir, & que tous confessent, & maintiennent, que c'est le vrai Dō Sebastien Roi de Portugal, & que les Castillans crient à haute voix, ce que nous auons dit ci dessus, touchant l'ire de Dieu sur l'Espagne.

Et de faict tous les succez de ce Roy, ses peregrinations par le monde, sa prison, & deliurance de Venise : la maniere par laquelle il fut enuoyé de Florence à Naples : sa septence, & l'execution d'icelle, nous rend ce cas miraculeux & admirable. Sur tout son embarquement & arriuee à Sainct Lucar de Barrameda. Car outre que c'est vne chose rare & extraordinaire, que des galeres descendent de Naples en la mer Occeane, l'issue se conforme & correspond aux anciennes propheties qui touchent ses aduentures. Le Pere Docteur Sampayo, Religieux de l'Ordre des Predicateurs, estant à Paris, l'an passé, asseura plusieurs personnes,

qu'il auoit veu dans vn liure, en la Bibliotheque de S.
Victor, vne prophetie qui nous montre ouuertement,
*Que le Roi Dom Sebastian sortira de Naples, sur vn cheual de bois,
que de la Mer Mediterranee il entrera dans l'Occean, que son cheual
s'arrestera a Sainct Lucar de Barrameda.* Que ledit Pere Sampayo ait bien rencontré auec ceste prophetie, les religieux dudit monastere le confessent. Car il la commu-
nica & declara à la plus grand part d'iceux. Aussi l'es-
criuit-il à quelques siens amis : & dans la mesme Bibliotheque, montra la prophetie à quelques gentils-
hommes seculiers, bien affectionnez à la liberté de ce
mal-heureux Roy. Et comme ledit Pere Sampayo est
bien loing d'icy, nous ne pouuons sçauoir les reelles
paroles de la prophetie, n'y l'Autheur d'icelle. Neantmoins quoy qu'elle face beaucoup à nostre intention,
si nous sçauons ce qui se trouue escrit touchant les in-
fortunes & prosperitez de ce Roy, par hommes tres-
doctes, & de sainte vie, nous la pourrons aysément ex-
cuser. Sainct Isidore, homme tres-sage, tres-sçauant, &
de sang royal, comme estant fils de Theodora, &
de Seuerian fils de Thierry, roy des Ostrogots, & d'I-
talie, qui fleurit enuiron l'an cinq cens octante, nous a
laissé par escrit: *Occultus Rex, bis piè datus, in Hispaniam veniet
in equo ligneo. Quem multi videntes, illum esse non credent, &c.*
C'est à dire: *Le Roi occulte, deux fois donné pieusement, viendra en
Espagne en vn cheual de bois. Lequel plusieurs voians, ne croiront
que ce soit lui, &c.* Cecy se trouue exposé en l'aduenture
admirable de ce Roy desia imprimee.

Vn Cordouannier Portugays, nommé Bandarra,
natif de la ville de *Trancoso*, qui viuoit il y a enuiron
trois cens ans, nous a laissé par escrit en vers Portugays, beaucoup de propheties sur diuers subiects. Entre lesquelles s'en trouuent aucunes qui traittent, *del
Incubierto.* c. couuert & caché, d'vne partie desquelles
nous auons remarqué l'accomplissement en la per-

sonne du Roy Dom Sebastian. Et si celles qui restent
arriuent autant veritables comme les passees, sans
doute nous verrons ce Roy seant en son siege royal.

Les laboureurs de Portugal tiennent par tres-an-
cienne tradition, *Qu'vn temps viendra, auquel vn Roy, dont le
nom sera comme de* Bestia, *desapparoistra, & qu'apres auoir luy &
son royaume souffert de tres-grandes afflictions & calamitez, Iceluy
mesme roy, que tout le monde tenoit pour mort, resuscitera, & acquer-
ra son throsne auec vne incroyable prosperité.* Sur quoy faut noter vne chose quant à ce nom de Bestia. C'est qu'en Portugal les paysans au lieu de dire *Sebastian*, disent *Bestiam*,
de maniere qu'ostans la derniere lettre du mot, reste
Bestia. Ainsi nous pourrons nous persuader, que la tradition d'hommes vils, rustiques & barbares, aura bien
tost son accomplissement en la personne de ce Prince,
iusqu'auiourd'huy si mal-heureux. Ce n'est pas chose
fort estrange, de voir Dieu permettre que nous puis-
sions voir ses secrets en la bouche des ignorans, puis
que son fils le nous enseigne, *Abscondisti hæc à sapientibus, &
reuelasti ea paruulis.* Et pourrons aussi bien auec la permis-
sion de Dieu, voir la perfection de ceste rustique prophetie, comme l'on a veu de celle qui trottoit par la
bouche des laboureurs de la Beausse, és dernieres annees du feu Roy, laquelle ils tenoyent d'ancienneté de
pere en fils.

> *L'an mil cinq cens quatre vingts neuf,*
> *Nous aurons vn Roy tout neuf.*
> *L'an mil cinq cens quatre vingts dix,*
> *Plus de licures que de brebis.*

Nous auons d'ailleurs vn autheur ancien, lequel a
composé vn liure en vers Castillans, qui sert comme
d'vne explication des propheties de Sainct Isidore, &
d'autres personnages qui ont escrit *del Incubierto*, dans

lequel liure i'ay leu il y a enuiron quarante cinq ans,
beaucoup de choses curieuses, lesquelles, si ie les auoys
conseruees en ma memoire, me seruiroyent grandement à ceste heure. Les auoir leues en ma ieunesse,
sans auoir sentiment de l'aduenir, ne m'imaginer les
changemens, tours, & retours aduenuz au monde depuis vingt-quatre ans en ç'à, & d'abondant n'estre à-
lors capable de les entendre, m'a rendu negligent de
les apprendre. Si est-ce que la memoire m'en fournit
encor' confusément vn couplet de sept lignes, qui fait
beaucoup à ce propos. Et nagueres vn gentil-homme
Portugays, bon seruiteur de son Roy, & tres-desireux
de la liberté de sa patrie, me le donna par escrit.

> Vendrà el Incubierto,
> Vendrà cierto
> Entrarà en el huerto
> Por el puerto
> Qu'est à mas à càdel muro,
> Y lo que paresce escuro,
> à claro Y abierto.

C'est à dire,

> L'incogneu viendra,
> Il viendra pour certain.
> Il entrera dans le iardin
> Par le port
> Qui est plus au deçà de la muraille.
> Et ce qui semble obscur,
> Se verra clair & descouuert.

Pour mieux entendre ce couplet, il est necessaire
sçauoir quel est ce Iardin, & ceste Muraille. Car l'expo-
sition & l'intelligence de ces deux paroles, nous don-

nera la cognoiſſance des autres , & pourront deſcou-
urir à veue d’œil , les choſes admirables qu’vn ſimple
couplet nous prophetiſe. Nous deuons ſçauoir, que ce
Iardin ſe peut prendre pour le pays , qui s’eſtend depuis le mont Calpé (qui eſt en Eſpagne, à la bouche du
deſtroit de Gibraltar, frontiere au mont Abylà , qui eſt
de l’autre coſté ſur le meſme deſtroict, en Afrique, qui
ſont les deux montagnes que les anciens nomment
Coulomnes de Hercules) iuſqu’à la riuiere que les La-
tins appellent *Batis* , & ſe nomme auiourd’huy par les
habitans, *Guadalquibir*, nom impoſé par les Mores, depuis
qu’ils ſe furent faits Seigneurs en l’Eſpagne: & veut dire, Eau grande. Car *Guad*, en langue Arabique, veut dire
Eau, & *Quibir* Grand. L’Iſle de Caliz eſt en ce pays là , &
fut iadis beaucoup plus grande qu’à preſent. Toute
ceſte contree eſt tres-fertile, abondante, & recreatiue.
Les anciens Autheurs eſcriuent d’elle, Que ſi les bre-
bis y paiſſoyent trente iours ſans leur tirer du ſang, ils
les creuoyent de graiſſe. En ce pays habita Homere
deuant ſon aueuglement (ce fut en l’an mil trois cens
ſept, depuis le deluge , deux cens cinquante cinq , deuant la fondation de Rome, & de Ieſus-Chriſt, mille. Il
s’appelloit en ce temps là , Meleſigenes , qui voyant la
fertilité, & la bonne temperature d’icelle, afferma que
c’eſtoyent les champs Eliſees , où les dieux enuoy-
oyent les ames des bien-heureux. Ainſi voyons nous
clairement, que ce terroir eſt le Iardin d’Eſpagne , &
ainſi l’appellons nous.

Il y a neantmoins des Autheurs qui ſouſtiennent, &
preuuent auec raiſons aſſez euidentes, que le Iardin
d’Eſpagne eſt Lisbone, auec ſes appartenances: pource
que c’eſt vn terroir extremement alaigre, fertile, abondant, beau, & delectable , auquel naiſſent en grande a-
bondance, excellence, & perfection, tous les fruits que
l’Europe produit. Les anciens ont affermé , que les iu-
mens

mens de ce traičt là, s'empreignoyent des vents,& que les poulains qui naiſſoyent d'elles , ſembloyent pluſtoſt voler que courir. Vliſſe (que les Eſcriuains nous donnent pour fondateur de ladite cité) & ſes compagnons, arriuant de ſon naufrage en ce quartier là , & entrant de la mer Occeane par le Tage , eſmeu de la fertilité du territoire, de l'eau , & de l'abondance des poiſſons de ceſte riuiere, de ſa profondeur, merueilleuſe aptitude à tout ce dequoy l'on peut tirer profit , & d'ailleurs pour la grande quantité d'or qui paroiſt en ſes arenes : la nomma *Theodore*, qui ſignifie en langue Grecque, don de Dieu. De façon que le Iardin d'Eſpagne , eſt la terre que nous diſons eſtre entre le mont Calpé,& la riuiere de *Guadiana* : ou bien la ville de Liſbone, auec ſon territoire. Entre en quelque de ces parties le Roy Dom Sebaſtian , auec proſperité. Il nous importe peu pour la verification de ceſte prophetie, que l'vne ou l'autre ſoit le Iardin d'Eſpagne.

Quant à la muraille, tous ceux qui ſont bien verſez & practics és anciennes Hiſtoires d'Eſpagne , confeſſent que c'eſt l'Iſle de Caliz, qu'ils appellerent *Gades* : & pour l'affinité du G.auec le C.le nom s'eſt conuerty en Cadés. Et pour vous declarer d'où luy vint ce nom , il eſt neceſſaire alleguer icy quelques anciennes Hiſtoires. Leſquelles nous enſeignent, qu'il y a eu ſix hommes nommez Hercules. Deux deſquels ont eſtouffé la reputation des autres: l'vn fils de Iupiter , & d'Alcmena: l'autre fils de meſme pere,& d'Aſteria, ſœur de Latone, & ceſtuy-cy s'adoroit à Tyr,auec grande veneration. Les Hiſtoires racomptent qu'il manda par ſonge aux Gaditains, habitans de ceſte ville là , qu'ils paſſaſſent en Eſpagne, & luy baſtiſſent vn Temple à Caliz, où ſon nom fuſt adoré.

Pour accomplir ce mandement , les Gaditains s'eſtans embarquez l'an deux cens trente cinq, depuis la

fondation de Rome, & nauigeans par la mer Mediterranee, entrerent en l'Occean : & non loing de la bouche du destroit prindrent terre à Caliz. Là commence-
rent-ils à bastir vne ville, obseruans les vz & ceremo-
nies Hetrusques, lesquelles estoyent (comme dict M.
Varron) d'accoupler vn Taureau, & vne vache souz le
ioug, & faire vn rayon auec la charrue en figure circu-
laire, aussi grand que le circuit de la ville, qu'ils pretendoyent edifier. Le rayon faisoit vne fosse : & la terre
qu'on en tiroit, vne muraille. Ainsi fit Romule, quand
il se print à fonder Rome, suiuant le dire de Denys
Halycarnassien. Ainsi fit Ænee, selon le tesmoignage de
Virgile.

Interea Aeneas vrbem designat aratro. Et en ceste maniere de
lieu susdict, fut depuis tenu pour chose saincte & reli-
gieuse. Comme le bruit courut par le monde du basti-
ment de ceste ville, & du temple, grande multitude de
gens y accourut d'Europe, d'Afrique, d'Asie. Et quelques annees apres, les Carthaginiens consideran que
les habitans d'icelle, comme estans d'vn mesme pays,
(car les Gaditains & eux estoyent originaires de Tyr)
leur seroyent tousiours amis & fauorables, delibere-
rent d'entreprendre la conqueste de l'Espagne. Et
pour effectuer seurement leur desseing, ils prindrent
pour couuerture de leur ambition, la pieté & religion,
en ceste maniere. Ils firent entendre aux Espagnols,
qu'il n'estoit pas raisonnable, puis que le monde ac-
couroit de toutes parts pour visiter ceste ville là, &
faire sacrifice au dieu d'icelle, duquel ils auoyent receu
de tres-grands biens-faits, que le mesme dieu fust si
peu veneré en vn Temple tant pauure, & de si basse
structure, dont les murailles n'estoyent que de terre.
Et pourtant les prioyent vouloir permettre de bastir
vn Temple grand, riche, & somptueux. Les Espagnols,
sans penser au mal qui leur en pourroit aduenir, n'y à

la malice des Carthaginiens pour l'heure presente,
condescendirent aysément à leur volonté , & leur o-
ctroyerent tout ce qu'ils requeroyent. Incontinent les
Carthaginiens commencerent auec vne haste incroyable, à bastir vn tres-grand Temple de pierre de taille,
& si fort, qu'il leur seruoit de citadelle , pour effectuer
au moyen d'icelle leur intention . Ils firent pareillement au tour du temple quelques fortes maisons , di-
sans qu'elles estoyent necessaires pour les ministres,
officiers & seruiteurs dudit temple. Non contens de
ce, representans aux Espagnols le mauuais traitement
que receuoyent ceux qui venoyent auec si grande dé-
uotion , & de si loing , visiter la maison de leur dieu,
pour n'auoir où se retirer & garantir des incommodi-
tez du temps , leur persuaderent de consentir qu'ils
bastissent vne grande quantité de maisons, pour y lo-
ger & recueillir les pelerins. Finalement les Carthaginiens obtindrent tout ce qu'ils demandoyent : & ioi-
gnant vne maison à l'autre, firent vne place tres-forte,
par le moyen de laquelle ils se firent grands seigneurs
en Espagne, & pour ceste cause , ioint qu'elle est situee
en lieu de tres-grande importance , les anciens l'ont
appellé Mur d'Espagne : & ce mesme nom trotte encore auiourd'huy par la bouche des modernes. Quand le
Comte d'Essex, print par force ladite ville dedans l'Espagne, les habitans trembloyent, & disoyent, est-il pos-
sible que le Mur d'Espagne soit prins par les ennemis?
Que ferons nous, &c.

De ce que dessus , nous voyons clairement que c'est
que le Iardin & la Muraille, que l'autheur des propheties nous dict en ce couplet. Ce que sçachans , nous
pourrons aysément auoir cognoissance du Port qui est
plus au deçà de la Muraille, sçauoir est celuy de Sainct
Lucar de Barrameda (qui est en çà en la mer Occeane,
distant cinq lieuës de Caliz) par où Dieu veuille que ce

Histoire veritable des dernieres & piteuses
vertueux, & sainct Prince, Dom Sebastian, Roy de
Portugal, accomplissant tout ce qu'on a prophetisé de
luy, entre en possession de ses royaumes, pour la paix
& tranquillité de la terre, & bien commun de toute la
Chrestienté.

AMEN.

A Dieu, le dernier d'Aoust, mil six cens deux.

Aprés auoir mis fin au present Dis-
cours, sont arriuees nouuelles de diuers endroits, & lettres de plusieurs personnes, di-
gnes de croyance, qui conferment tout ce
qui s'est dit du Roy Dom Sebastian, adiou-
stans que le Duc de Medina Sidonia, enuoya depuis dans la galere, quatre hommes
qui auoyent veu, cogneu, parlé, & seruy ledit Roy, tout le temps qu'il fut à Caliz, deuant que passer en Afrique, qui furent
huict iours, pour le voir & examiner s'il
estoit reellement le mesme. Ces hommes le
virent, parlerent à luy, & luy demande-
rent beaucoup de choses, sans qu'il les co-
gneust, n'y sçeust à quel desseing ils fai-
sayent cest examen. Lesquels retournez au

Duc, l'asseurerent auec plusieurs serments,
Que cest homme estoit le mesme, le propre,
& vray Dom Sebastian, Roy de Portugal,
lequel l'auoit receu à Caliz, auec grandes
festes & ieux, l'an mil cinq cens septante
huict. Aucuns disent que le Duc escriuit
tout ce qui se passa au Roy Catholique. Et
autres, qu'auec ses lettres & ratification
de ce qu'il vid, & iugea de ce prisonnier, il
enuoya lesdits hommes pour tesmoigner la
verité. Dieu veuille par sa diuine misericorde, & pour nous tirer de tant de trauaux, & de tristesses, que la prophetie por-
tee par les deux lignes qui sont à la fin du
couplet, Castillan cy dessus allegué, se puisse
bien tost accomplir, sçauoir est,

Y lo que paresce escuro,
Se vrà claro y abierto.

F I N.